Les Bienfaits de l'Hygiène

Collection C. CHARIER.

Nº 1. — Le but de l'hygiène.

Les Bienfaits de l'Hygiène

Collection C. CHARIER.

N° 2. — Le grand air

Les Bienfaits de l'Hygiène

Nº 3. — L'eau potable. — Démonstration de l'impureté de l'eau non filtrée.

Les Bienfaits de l'Hygiène

Collection C. CHARIER

Nº 4. — Le lait — Vache laitière soumise à la tuberculination

Les Bienfaits de l'Hygiène

Nº 3. — L'alimentation. — Laboratoire pour l'analyse des matières
de consommation.

Les Bienfaits de l'Hygiène

Collection C. CHARIER.

Nº 6. — Les boissons hygiéniques.

Les Bienfaits de l'Hygiène

Collection C. CHARIER.

N° 7. — La stérilisation.

Les Bienfaits de l'Hygiène

N° 8 — Les habitations. — Précautions hygiéniques.

Les Bienfaits de l'Hygiène

N° 9 — Les Vêtements

Les Bienfaits de l'Hygiène

Nº 10. — Les soins corporels

Les Bienfaits de l'Hygiène

N° 11. — L'hydrothérapie.

Les Bienfaits de l'Hygiène

Nº 12. — La gymnastique rationnelle. — L'emploi de l'exerciseur.

Les Bienfaits de l'Hygiène

13. — L'hygiène de l'enfant.

Collection C. CHARIER.

Les Bienfaits de l'Hygiène

Collection C. CHARIER.

N° 14. — L'hygiène de l'adolescent ou l'hygiène scolaire.

Les Bienfaits de l'Hygiène

Collection C. CHARIER.

N° 15. — L'hygiène des malades. — Désinfection d'un appartement.

Les Bienfaits de l'Hygiène

Collection C. CHARIER.

Nº 16. — L'hygiène publique. — Le vaccin.

L'hygiène publique. — N° 16

L'hygiène publique embrasse la salubrité proprement dite, considérée dans son application aux collectivités et, particulièrement, aux établissements réputés dangereux, aux maladies épidémiques ou contagieuses, à l'assistance publique, etc.

La préoccupation des pouvoirs publics doit tenir compte des conditions météorologiques et géologiques dans lesquelles vivent les populations rurales ou urbaines.

D'une façon générale, les habitants des campagnes sont plus exposés aux maladies qu'entraînent les viciations du sol et les intempéries. Telles sont : rhumatisme, pleurésie, fièvres, etc. Ceux des villes ont à lutter contre les maladies qui proviennent d'un air vicié, les épidémies résultant d'une agglomération d'individus dans un espace restreint.

Pasteur a fait faire un pas considérable à la médecine dans la voie du progrès hygiénique. Sa théorie microbienne, ses travaux bactériologiques, sa méthode antiseptique et la sérumthérapie ont ouvert des horizons nouveaux à ses disciples, les continuateurs de son œuvre. La découverte de la guérison de la rage le fait considérer comme un des plus grands bienfaiteurs de l'humanité.

Les sérums, les vaccins, les filtres, les stérilisateurs, les désinfectants et antiseptiques ne sont certes pas tous dus à son génie : mais on peut dire qu'il a été le précurseur d'une méthode nouvelle dont le succès est universel.

L'organisation sanitaire comprend :

1° Le *Comité consultatif d'hygiène publique*, qui siège à Paris au ministère de l'intérieur, et est chargé des questions afférentes aux quarantaines, à la prophylaxie des épidémies, à la propagation de la vaccine, à la police médicale et pharmaceutique, à la salubrité des logements, des ateliers et des eaux ;

2° Les *Comités d'hygiène publique et de salubrité* d'arrondissement et de département examinent les questions relatives à l'hygiène publique ;

3° Les *Bureaux d'hygiène* que les municipalités installent pour les renseigner sur les maladies contagieuses et épidémiques, surveiller le service de vaccination, les logements insalubres, le fonctionnement de laboratoires d'essais ;

4° Le *Comité supérieur de protection du premier âge*, au ministère de l'intérieur ;

5° Les *inspecteurs du travail des enfants dans les manufactures* ;

6° Les *commissions d'hygiène publique* qui peuvent être fondées dans les chefs-lieux de cantons ;

7° Les *commissions des logements insalubres*, pouvant être instituées dans toute commune où le conseil municipal l'aura déclaré nécessaire ;

8° Les *médecins des épidémies*, chargés d'adresser, chaque année, un rapport sur les épidémies locales à l'administration, qui le transmet à l'Académie de médecine ;

9° Enfin, les nombreuses œuvres dues à l'initiative privée et qui, comme celle de la « Goutte de lait » fondée par le Dr Levrand à Saumur, a pour mission de combattre la mortalité infantile ; ou bien encore les nombreux établissements tels que : hospices, crèches, pouponnières, ouvroirs, créés pour venir au secours de milliers d'existences dont le salut est entre nos mains.

-Er Richa.

MÉDECINE PRATIQUE (suite)

Ver solitaire. — Symptômes : nuls quelquefois ; ce n'est qu'en voyant les anneaux dans les selles qu'on devine l'existence du parasite dans les intestins. Parfois cependant il y a des douleurs à l'estomac ou encore diminution ou augmentation exagérée de l'appétit. Le traitement a pour but de faire rendre le parasite au patient. Faire appel à un médecin.

Vertige. — Consulter un médecin pour rechercher la cause et déterminer un traitement.

Vipère (morsure de). — Serrer le membre au-dessus de la plaie avec les mains, un mouchoir, un bandage. Laver la plaie ; la presser fortement pour faire saigner, la sucer. Instiller quelques gouttes de permanganate de potasse ou d'acide chromique en solution aqueuse à 1 pour 100. L'ammoniaque est sans utilité... Il serait bon d'avoir sous la main du sérum antivenimeux de l'Institut Pasteur de Lille ou de cautériser au fer rouge.

L'hygiène des malades. — N° 15

L'*aération* et la *propreté* sont indispensables aux malades L'appartement qu'ils occupent doit être spacieux ; l'air doit y être renouvelé plusieurs fois par jour. Le linge doit être fréquemment changé et même désinfecté, s'il y a lieu. Les déjections et urines doivent être immédiatement éloignées.

L'*isolement* est le moyen le plus efficace d'empêcher la propagation des maladies infectieuses et contagieuses. L'*isolement absolu est de rigueur* dans les fièvres éruptives, la diphtérie, le choléra, l'érysipèle, la rage, la morve, le charbon, le typhus.

La *désinfection* consiste à neutraliser ou à détruire les agents des maladies infectieuses partout où ils se trouvent : dans l'air, les vêtements, les linges et objets de literie, etc. Les *antiseptiques* empêchent ces agents de se produire ; les *désinfectants* les détruisent.

La chaleur à haute température trouve son application (pour la désinfection du linge, de la literie, des vêtements, des pièces de pansement) par les étuves spéciales qui tuent, à 150 degrés, les microbes les plus résistants. Pour les lieux inhabités, qui ont été occupés par les malades atteints d'affections transmissibles, on emploie les *fumigations* de soufre ou de formol. Pour les lieux habités, on emploie, en particulier pour le lavage des parquets, une solution d'eau de javel (10 p. 100) ou de sublimé (1 p. 1000) ou de chlorure de chaux. Pour les cabinets d'aisances, les égouts, on utilise une solution de sulfate de fer (200 grammes p. 1 litre d'eau), le sulfate de cuivre (50 grammes p. 1 litre d'eau), etc.; pour les crachats et matières purulentes, l'acide phénique et le sublimé.

La *fièvre typhoïde* se transmet rarement par l'air, quelquefois par les linges de corps et les objets de literie, et fréquemment par l'eau de boisson. En ce dernier cas, faire bouillir l'eau en temps d'épidémie, éviter les infiltrations par les fosses d'aisances et les égouts, et changer la source quand elle est suspecte.

La *variole* est une maladie contagieuse. Les moyens de prophylaxie sont : la vaccination et l'isolement. La vaccine ne confère l'immunité que pour un temps limité à 5 ou 6 années. Si elle échoue, il faut y revenir tous les ans.

La *rougeole* est contagieuse et peut être véhiculée par les personnes, le linge, etc. La gravité de la rougeole réside surtout dans les complications qui peuvent survenir. L'isolement est utile.

La *scarlatine* demande un isolement sévère. La contagion se produit par les objets touchés par le malade. Désinfection rigoureuse. .

La *diphtérie* est transmissible par contact, par l'air et par inoculation. Elle est justiciable de toutes les mesures d'isolement et de désinfection les plus rigoureuses.

La *tuberculose* se communique principalement par les crachats mélangés aux poussières banales des rues et des maisons. C'est aux moyens de détruire ces germes que chacun doit s'employer.

En. RICHA.

MÉDECINE PRATIQUE *(suite)*

Tuberculose. — Maladie infectieuse et contagieuse à manifestations très variées, dont la plus redoutable est la phtisie pulmonaire. Avoir recours au médecin.

Typhoïde (fièvre). — Fièvre.

Ulcères. — Les varices sont une cause fréquente d'ulcères. *Traitement* : Repos absolu ; cataplasmes de fécules à l'eau boriquée (30 gr. d'acide borique par litre d'eau) s'il y a inflammation, Autrement, laver à l'eau phéniquée et placer des bandelettes de diachylon.

Urticaire. — Affection de la peau semblable à des piqûres d'ortie, accompagnée de démangeaisons. *Traitement* : Proscrire tous les mets excitants, aliments épicés, viandes faisandées, charcuterie. Purgatif ou vomitif.

Varicelle. — Fièvre éruptive contagieuse, sans gravité ; se manifeste par plusieurs poussées de boutons. *Traitement* : Repos à la chambre, aliments légers ; isolement. Ne pas gratter.

Varices. — Dilatation des veines des jambes, quelquefois accompagnée d'ulcères. *Traitement* : Repos et compression. Consulter le médecin.

Verrues. — Mettre matin et soir une goutte d'un mélange en parties égales d'acide acétique et de teinture d'iode. Toucher à la pierre infernale ou appliquer dessus de l'acide nitrique ou chlorhydrique.

Vers intestinaux. — Se manifestent par des démangeaisons très vives à l'anus. Les enfants se grattent et sont très agités ; leur sommeil est troublé et parfois même il y a des convulsions. *Traitement* : Pendant 4 ou 5 jours, donner à jeun de 5 à 10 centig. de caramel dans le lait ; puis, pendant quelques semaines, lavement, le matin (eau avec 1 3 de vinaigre).

C. CHARIER, éditeur à Saumur.

L'hygiène de l'adolescent. — N° 14

L'adolescence est l'époque où l'enfant se développe le plus, au double point de vue physique et intellectuel

De 3 à 7 ans, période qui caractérise ce qu'on appelle la seconde enfance, par opposition à la première, les enfants sont plutôt abandonnés à eux-mêmes et se livrent à des mouvements que comportent leurs forces.

Il est de la plus haute importance de surveiller leurs jouets, dont la coloration, par sa substance toxique, offre un réel danger à ce point de vue.

De 7 à 15 ans, l'exercice, sous toutes ses formes, est plus utile qu'à aucun autre âge. Une alimentation tonique est indispensable.

L'adolescence, c'est l'âge scolaire. Tout ce qui touche de près ou de loin à l'école doit être examiné, au point de vue hygiénique, avec la plus scrupuleuse attention.

Les écoles doivent être construites sur un sol sec et élevé, être en plein air, avec un gymnase et de larges cours pour les jeux. Les salles de classes doivent avoir une surface de un mètre carré par élève, une hauteur de 4 mètres, et être régulièrement aérées.

L'*éclairage* doit être largement distribué. Faire en sorte que la lumière (naturelle ou artificielle) n'arrive pas de face, parce qu'elle fatiguerait l'œil; ni du côté droit, ni par derrière, parce que l'ombre de la main droite ou l'ombre du corps serait projetée sur le papier de travail. L'éclairage unilatéral gauche est le meilleur.

Le soir, l'*éclairage à l'huile* doit être préféré au gaz, au pétrole et à l'électricité. En tout cas, si on emploie un de ces trois derniers modes d'éclairage, se servir d'un globe de verre dépoli.

Le *mobilier* scolaire doit être construit dans le but de prévenir la *myopie* et les *déviations* de la colonne vertébrale.

Il importe : 1° que le *banc* soit assez large pour que l'enfant y soit au repos, et pourvu d'un dossier qui permette de quitter parfois la position droite ou penchée en avant; 2° que le pupitre ait une inclinaison de 40 ou 45 degrés; qu'il ne soit ni trop haut, ce qui amènerait une torsion du tronc faisant saillir une épaule, ni trop bas, ce qui obligerait le dos à se voûter.

Il faut que l'élève s'habitue à écrire en tenant son cahier perpendiculaire au bord de la table, et non avec l'inclinaison qu'exige l'écriture anglaise, et qui force le corps à se pencher d'un côté.

Parmi les recommandations à faire aux écoliers, il en est de très sérieuses : ne jamais tenir son porte-plume dans la bouche ; ne jamais enlever une tache d'encre avec la langue, ni mouiller de la même façon une gomme ou un crayon.

L'instituteur veillera à ne jamais faire balayer les classes au balai, ni à enlever la poussière avec un plumeau, mais à laver les carreaux à grande eau et à essuyer les meubles avec un linge.

Une précaution indispensable est de faire laver les mains à tous les enfants.   Er. RICHA.

MÉDECINE PRATIQUE (*suite*)

Rhume de cerveau — V. Coryza.

Rougeole. — Maladie contagieuse et épidémique. Se manifeste par la fièvre, frissons, éternuements, yeux rouges et larmoyants, et la toux. Elle est contagieuse avant d'être déclarée, en sorte que l'isolement est inutile Elle n'a rien d'inquiétant, mais les complications (laryngite, bronchite, pneumonie, tuberculose) sont dangereuses. *Traitement* : Repos au lit ; craindre les refroidissements par-dessus tout ; gargarisme antiseptique.

Saignement de nez. — Asseoir le patient, tête droite à l'air frais ; compresses froides sur le front. jeter de l'eau froide au visage, injecter de l'eau astringente ou acidulée (jus de citron, alun) ou contenant du perchlorure de fer dans le nez. Faire élever les bras, pincer les narines.

Sciatique. — Douleur dans la cuisse, propre à la récidive. Appeler le médecin. *Traitement* : Teinture d'iode, pointes de feu, injections d'éther, de cocaïne.

Surdité. — Ne pas négliger cette infirmité et s'adresser aux spécialistes.

Syncope. — V Évanouissements.

Teigne. — Maladie contagieuse du cuir chevelu, caractérisée par des plaques ovalaires et arrondies de la peau du crâne. *Traitement* : Epiler les plaques, frictionner avec solution de sublimé, huile de cade, solution phéniquée à 1 %. Traitement long.

Torticolis. — Rhumatisme musculaire du cou. *Traitement* : Cataplasme de farine de lin laudanisé.

Toux. — La toux est le prélude de nombreuses maladies. Observer la gorge avec soin. Lorsque la toux persiste, consulter le médecin

L'hygiène de l'enfant. — N° 13

La propreté étant une des principales conditions de vitalité du nouveau-né, il doit être lavé et changé de linge, dès que celui-ci est souillé. Il est bon de lui faire prendre chaque jour un bain de cinq minutes dont l'eau doit avoir 30 degrés environ. Jusqu'à 12 mois, on ne doit donner à l'enfant que du lait, à intervalles réguliers de 2 heures à 3 heures. Après, si le nombre des dents le permet, on prépare le sevrage en offrant au bébé des œufs frais, des bouillies et soupes légères. Puis, des viandes blanches rafraichissantes peuvent être tentées. A 3 ans, on essaiera les viandes de boucherie bien coupées, des légumes en purée et des fruits bien mûrs. Eviter le porc, le gibier, les crustacés et les pâtisseries.

Le repas du soir doit être plus léger que celui du matin. L'alcool ne doit pas entrer dans la boisson de l'enfant.

Le lait doit toujours être stérilisé ; et pour les enfants en bas âge, si on emploie le biberon, on le choisira sans tube, de manière qu'il soit d'un nettoyage facile.

La chambre occupée par l'enfant sera spacieuse et bien aérée, ouverte, même en hiver, dès que l'enfant n'y sera plus. Elle sera, de préférence, chauffée au bois en y maintenant une température de 15 à 16 degrés. Le berceau doit être un panier à claire-voie, sans rideau, laissant l'air circuler. Il n'est pas nécessaire de bercer l'enfant, coutume nuisible au repos de la mère. Nous recommandons : parquet sans tapis, garde-feu, grillage à la fenêtre, éclairage à la bougie.

Il y a lieu enfin de laver tous les jours les yeux et la tête de l'enfant à l'eau tiède boriquée ; de le tenir enveloppé de vêtements chauds, sans jamais le serrer ; de le faire vacciner au plus tard à 2 ou 3 mois, et recommencer tous les cinq ans.

L'enfant a besoin de 10 ou 12 heures de sommeil la nuit ; dans la journée, il lui faut 4 ou 5 sommeils de une heure, jusqu'à 6 mois ; 2 ou 3, à un an ; un de 2 heures, à 2 ans. Enfin, après, il n'est plus nécessaire de le faire dormir le jour.

L'allaitement maternel est supérieur aux autres modes, qui ne doivent être employés qu'à son défaut.

Le meilleur moyen de savoir si le lait est de quantité ou de qualité suffisantes est de peser l'enfant tous les 15 jours au moins.

L'enfant sain doit augmenter en moyenne de 25 grammes pendant le 1er trimestre, de 15 grammes pendant le second, de 10 grammes pendant le 3me et de 5 grammes pendant le 4me.

Le régime de la mère n'a pas besoin d'être modifié, pourvu que l'alimentation soit de quantité suffisante, de bonne qualité, facile à digérer.

L'allaitement par une nourrice ne vaut pas le précédent, mais il est bien supérieur au biberon.

Er. Richa.

MÉDECINE PRATIQUE (suite)

Phtisie (maladie de la poitrine. — Maladie infectieuse inoculable et transmissible par contagion ou par hérédité. Consulter le médecin.

Piqûres. — Les petites piqûres par aiguille, épingles, épines, hameçons et autres corps piquants sont difficiles à désinfecter. On fera saigner autant que possible et on lavera avec une solution antiseptique. V. Pansements.

Plaies. — Quand le sang coule d'une artère, l'hémorragie se fait par jets saccadés. En attendant le médecin, on cherchera à comprimer l'artère, avec le doigt ou avec un bandage, entre le cœur et la plaie. Si le sang vient d'une veine, l'on comprime entre la plaie et l'extrémité du membre. Lorsque le sang vient des vaisseaux capillaires l'hémorragie est peu abondante.

Ne jamais se servir de perchlorure de fer et de la teinture d'arnica. V. Pansements.

Pleurésie. — Inflammation de la plèvre ou enveloppe du poumon. C'est au médecin de régler le traitement. Souvent la pleurésie est d'origine tuberculeuse.

Pneumonie (ou fluxion de poitrine). — Maladie infectieuse, contagieuse et épidémique. Caractérisée par la fièvre, frisson, point de côté, oppression, toux, crachats couleur de rouille. Appeler le médecin.

Point de côté. — Lorsque le point de côté est persistant, il peut être dangereux. Appeler alors le médecin.

Rhumatisme. — Douleurs des articulations avec complications possibles du côté du cœur, du poumon, des intestins, du cerveau. *Traitement:* Lait, bouillons, potages, purgatifs légers ; badigeonnages de laudanum et enveloppe d'ouate. Bains sulfureux.

C. CHARIER, éditeur à Saumur.

Exercices physiques. — N° 12

L'exercice augmente le volume et l'énergie des muscles ; il active la respiration et régularise la circulation ; il favorise la nutrition, augmente la transpiration et diminue l'impressionnabilité physique du corps.

La *gymnastique* n'est plus seulement une école d'acrobatie, de parade et de tours de force ; elle consiste principalement dans un ensemble de mouvements exécutés d'une façon rationnelle et méthodique, en vue d'assurer à l'économie le moyen de régulariser le développement et le fonctionnement de l'appareil locomoteur.

La *gymnastique sans appareils* se compose d'attitudes ou de mouvements raisonnés qui font agir successivement tous les muscles, de manière à amener progressivement et sans à-coups la transpiration, tout en évitant l'essoufflement.

La *gymnastique avec appareils* comprend les mouvements qui tendent à augmenter l'effort musculaire : bâtons, haltères, anneaux, trapèze, perches, échelles, barres parallèles, etc. Elle acquiert surtout un caractère bienfaisant lorsqu'elle n'est pas exagérée.

La *gymnastique médicale* n'a pas recours aux engins usuels, mais plutôt à des appareils spéciaux, appelés « exerciseurs ». Tout dépend, en effet des effets, locaux qui ont pour objet de développer certaines parties du corps, corriger des attitudes vicieuses, redresser des déviations du squelette, etc. Chaque cas exige un exercice différent.

Parmi les exercices qui agissent sur toute l'économie, en même temps que sur le système musculaire, il faut citer : la marche, la course, le saut, l'équitation, la natation, l'escrime, la boxe, le bâton, le cyclisme, la chasse, le patinage, l'alpinisme, la lutte, le canotage, etc.

ER. RICHA.

MÉDECINE PRATIQUE (*suite*)

Luxations. — Entraînent l'impossibilité d'accomplir certains mouvements. Soutenir le membre luxé et appeler le chirurgien.

Méningite. — Survient chez les enfants le plus souvent entre 2 et 5 ans ; se manifeste par un changement de caractère avec maux de tête, tristesse, vomissements, somnolence, puis agitation, soupirs, grincements de dents, cris, convulsions, paralysies. Appeler le médecin dès le début.

Migraine. — *Traitement :* Variable selon les individus : antipyrine, phénacétine salicylate de soude, café noir, pulvérisations d'éther, menthol et massage local.

Morsures. — Voir, selon le cas, les mots : Plaies, Contusions, Rage.

Muguet. — Mal parasitaire et contagieux, qui se forme chez les enfants sur la muqueuse de la bouche et de la gorge. Se manifeste par une série de points blancs. Il provoque des troubles intestinaux. *Traitement :* Supprimer le sucre et les boissons acides. Employer des lotions avec de l'eau de Vichy ou une solution de carbonate de soude ou de borax.

Nvéralgies. — *Traitement :* Quinine (névralgie périodique), fer (anémie), chloroforme, menthol, chlorure de méthyle (froid), puis, pilules de Meglin, valérianates d'ammoniaque, etc.

Nez. — Exhalaison d'une odeur fétide par le nez. *Traitement :* lavage à l'eau boriquée. Le traitement est très long ; consulter le médecin.

Oreillons. — Maladie contagieuse, épidémique, surtout chez les enfants de 5 à 15 ans. *Traitement :* Repos, boissons chaudes, purgatifs, onctions avec le baume tranquille, ouate avec huile d'amande douce sur la région gonflée. Isolement pendant 15 jours.

Orgelet (Compère loriot). — Inflammation de la paupière. *Traitement :* Lotions à l'eau boriquée, cataplasme de pomme de terre (refroidi) à l'eau boriquée.

Panaris. — Le mal quand il est superficiel est sans gravité ; on le traite par des bains et des compresses à l'acide phénique (2 gr. pour 100 d'eau. Le panaris sous-cutané, très douloureux, demande l'intervention rapide du chirurgien. *Traitement :* Incision, bains et pansements antiseptiques. Pas de cataplasmes ni pommades.

Pansements. — Avant tout pansement, se laver les mains et se nettoyer les ongles au savon et à la brosse (savon antiseptique). Nettoyer la plaie avec de l'eau. Puis, appliquer une compresse bouillie qu'on renouvellera jusqu'à l'arrivée du chirurgien ; on peut ajouter à l'eau bouillie de l'acide borique (30 gr. pour un litre).

Pelade. — Mal parasitaire et contagieux que les salons de coiffure contribuent à répandre.

Pellicules. — Savonner la tête à l'eau tiède, au savon de goudron, et appliquer sur le cuir chevelu de la vaseline boriquée.

Le *bain* quotidien a pour but de débarrasser les pores de la peau de toutes les sécrétions ou accumulations qui peuvent les obstruer. De nombreuses maladies, particulièrement les fièvres, sont évitées par son usage constant.

Le *bain froid* d'eau courante est tonique, augmente la force musculaire et aguerrit contre le froid. Il ne doit pas durer plus de 15 minutes. Un conseil : ne pas rester immobile dans l'eau.

Le *bain tiède* est calmant.

Le *bain chaud*, s'il n'est provoqué par un cas spécial, est débilitant. Il ne doit jamais être très chaud, ni de trop longue durée.

Le *bain de vapeur* serait dangereux s'il n'était suivi de la douche d'eau froide : alors il devient hygiénique en ce qu'il favorise les fonctions de la peau et rend moins impressionnable à la température extérieure.

Les *douches et ablutions* froides sont très hygiéniques ; elles doivent être courtes, réparties immédiatement sur toutes les parties du corps, même en sueur, et suivies d'une friction sèche ou d'une promenade.

Er. Richa.

MÉDECINE PRATIQUE (*suite*)

Froid. — L'asphyxie causée par le froid est souvent accompagnée de congélation partielle. *Eviter de réchauffer trop vite* le malade et de l'approcher du feu ; le frictionner avec des linges mouillés ou de la neige, ou le mettre dans un bain froid dont on réchauffera l'eau progressivement. Frictions sèches ou alcooliques, respiration artificielle, ou de légères infusions chaudes aromatiques.

Furoncle. — Le furoncle s'ouvre, suppure et laisse échapper du pus du 8e au 12e jour. *Traitement* : Ne boire que de l'eau de goudron et prendre 3 fois par jour un cachet de 10 centigrammes de soufre sublimé; avec 10 centigrammes de camphre pulvérisé. Pas de cataplasmes ; pas de pommades : rien que des antiseptiques.

Gourmes. — Croûtes à la tête et au visage, qui indiquent une constitution faible. *Traitement* : Isolement, toniques. Surveiller le tube digestif ; cataplasme de fécule (pas de lin). Bains sulfureux et lavages ; ensuite, vaseline boriquée au 10e.

Goutte. — Maladie constitutionnelle héréditaire, caractérisée par des fluxions douloureuses des articulations. *Traitement* : Enveloppement ouaté recouvert de taffetas gommé, badigeonnage de laudanum. Tisanes de chiendent, de queues de cerises, potages, lait, diète légère.

Gravelle. — Etat dû à un excès de nutrition. Le *traitement* est surtout hygiénique : beaucoup d'exercices, peu de viandes rouges, pas de viandes noires, veau, agneau, poulet de préférence. Ni oseille, ni tomates, ni haricots verts, ni asperges. Pas de truffes, de thé, ni de café. Supprimer : alcool, bière, vin rouge ; peu de vin blanc léger. Ajouter chaque jour à la boisson un ou deux grammes de bicarbonate de soude. Boire Vichy-Célestins, Pougues, Vals, Evian, Royat, Contrexéville.

Grippe ou influenza. — Commencer par boire chaud et prendre du sulfate de quinine, en attendant le médecin.

Hernie. — Tumeur formée par les intestins qui s'échappent à travers les muscles. Les contenir au moyen d'un bandage (V. le médecin et non le bandagiste), sans quoi la hernie peut « s'étrangler » ; le cours des matières intestinales s'arrête, l'intestin se perfore, d'où péritonite et mort.

Hoquet. — Petit ennui passager qui prend très rarement un caractère de gravité. Il y a 20 remèdes différents à signaler. Entre autres le plus facile : pression énergique et prolongée du pouce et du petit doigt de la même main (les deux mains en même temps).

Insectes (piqûres). — Lotions à l'alcool camphré ou pur (cognac ou rhum), à l'ammoniaque, à l'eau phéniquée.

Insolation. — Etat asphyxique dû non pas tant aux rayons du soleil qu'à la chaleur ambiante. Se traite comme les évanouissements. V. ce mot.

Jaunisse. — *Traitement* : Lait coupé d'eau de Vals ou Vichy ; lavement d'eau froide ; limonade citrique, tartrique. Bains quotidiens.

Lavements. — Formules diverses : eau 500, miel 150 grammes ; eau 500, glycérine 50 gr. ; eau 500, son 100 gr. avec un litre d'eau, 30 gr. de graine de lin et 5 gr. d'huile d'olive. Purgatif : eau 500, séné 15, sulfate de soude 15 (faire passer à travers un linge après 15 minutes d'infusion).

Loupe. — Tumeur sous-cutanée sans gravité. Faire une incision.

Lumbago. — Douleurs dans les reins. *Traitement* : Cataplasme chaud, laudanisé ; brique chaude, fer à repasser chaud ; teinture d'iode ; sinapisme.

C. CHARIER, éditeur, à Saumur.

Les soins corporels. — N° 10

Mens sana in corpore sano (âme saine dans un corps sain), proverbe latin qui indique que la morale et l'hygiène ont un lien puissant. Les soins du corps sont tellement inséparables de la santé qu'il importe de s'imposer l'application rigoureuse des lois de l'hygiène la plus élémentaire qu'ont popularisées nos savants modernes.

Le visage. — Pour débarrasser la face des souillures produites par les poussières, les larmes, etc., n'employer que du savon blanc pur (les couleurs verte et rose sont dangereuses), et se laver ensuite à l'eau claire. Les senteurs du savon en masquent souvent les défauts. N'acheter jamais de vinaigre de toilette, très dangereux pour la peau qu'il sèche et ride à la longue.

La bouche. — La propreté consiste à se laver la bouche matin et soir et souvent après les repas. La corruption des parcelles alimentaires restées entre les dents est la principale cause de leur carie.

Les oreilles. — Chaque matin enlever le cérumen accumulé.

La chevelure. — Les cheveux, ou plutôt le cuir chevelu, doit être soigné méticuleusement. Se servir le moins possible du peigne fin, mais se laver souvent la tête avec du savon noir. Les coiffures sont nuisibles à l'hygiène des cheveux. Rester la tête nue la nuit.

L'usage des peignes, rasoirs, coiffures, doit être rigoureusement personnel.

Les pieds. — Ils doivent être à l'aise dans les chaussures. Les souliers étroits et pointus donnent naissance à une foule d'infirmités ; ceux avec talons sont antihygiéniques.

Les mains, qui sont exposées à une foule de souillures, doivent être lavées plusieurs fois par jour. Mises en contact avec les muqueuses du nez, des yeux et de la bouche en y portant les aliments, elles peuvent être la cause de maladies infectieuses, si elles ne sont pas d'une rigoureuse propreté. C'est en vertu du même principe qu'on ne doit jamais tenir son porte-plume à la bouche, et toujours se laver les mains en se mettant à table.

Le corps. — (*Voir n° 11.*)

Ed. Richa.

MÉDECINE PRATIQUE (suite)

Érysipèle. — Maladie infectieuse, contagieuse, parfois épidémique, de la peau, principalement à la face. La peau devient rouge, douloureuse, par plaques séparées. *Traitement* : Badigeonner la plaque avec des antiseptiques : éther camphré saturé ; éther avec sublimé à 1/100 ; eau de sureau boriquée sur des compresses. L'alcool fort sur des compresses est également très bon.

Essoufflement. — Symptôme qui attire l'attention sur le cœur et le poumon. Consulter le médecin pour connaître les causes. *Traitement* : Exercice modéré. Inhalations d'éther ; injection de caféine.

Évanouissement. — Perte de connaissance, caractérisée par *la pâleur*, l'insensibilité, la suspension de la respiration. *Traitement* : Desserrer les vêtements, ouvrir les fenêtres, coucher le malade à plat, la tête basse, flageller avec eau froide, faire respirer les odeurs fortes.

Fièvre. — La température normale du corps est de 37 degrés à 37 1/2. Au-dessus de 38, il y a fièvre, et le médecin doit être consulté. La fièvre *typhoïde* est une maladie infectieuse qui se répand par l'eau contaminée ou par le linge des malades. En temps de fièvre typhoïde, on ne doit boire que de l'eau bouillie. Les légumes crus sont interdits. Les fruits doivent être pelés. Pour désinfecter les mains des personnes qui soignent le malade, on fait usage d'une solution de sulfate de cuivre à 12 % et à 50 ¢ pour désinfecter les déjections et les linges.

Fluxion de poitrine. — V. Pneumonie.

Fractures. — *Symptômes* : au moment de la chute, craquement, puis, douleur, impuissance du membre, contusion, gonflement, bruit de frottement. En présence d'une fracture, il faudra d'abord, si elle siège aux membres inférieurs, relever le blessé ; couper les vêtements et les chaussures et placer le membre immobile dans une bonne position, par exemple dans un oreiller replié, lié avec 2 serviettes, jusqu'à l'arrivée du chirurgien.

C. CHARIER, Éditeur, à Saumur.

Les Vêtements. — N° 9

Les vêtements servent à couvrir le corps dans le but de modifier l'influence des agents extérieurs. Les uns ont la propriété de recevoir, d'admettre facilement le calorique, de s'en laisser pénétrer, puis, de le céder avec la même facilité. D'autres, au contraire, se refusent à cette pénétration et à cette transmission. D'où vient l'expression que les vêtements sont bons ou mauvais conducteurs de la chaleur.

Voici l'ordre de conductibilité du plus ou moins des substances les plus généralement employées dans la confection des vêtement: 1° le lin, 2° le coton, 3° la soie, 4° la laine.

La *propreté* et le *renouvellement des vêtements* doivent être assurés, dans la plus large mesure possible, parce que les matières liquides ou gazeuses qu'exhale le corps, même en parfaite santé, imprègnent les étoffes et nuisent aux fonctions cutanées ; à plus forte raison cette imprégnation est-elle dangereuse, quand elle est faite de germes morbides, susceptibles de propager une maladie contagieuse.

La *couleur* des vêtements influe beaucoup sur le plus ou moins de chaleur qu'ils procurent. Les vêtements *blancs* réfléchissent les rayons caloriques et lumineux que les vêtements noirs absorbent.

Le *noir* a le pouvoir absorbant maximum ; puis viennent le bleu, le vert, le rouge, le jaune et le blanc. Par suite, le blanc est la couleur des saisons et des pays chauds ; le noir et les couleurs foncées conviennent en hiver et dans les climats froids.

Les vêtements teints avec des couleurs à base d'arsenic ou d'aniline ont produit des accidents d'empoisonnement

Le *coton* est la matière qui se charge le moins d'eau ; la *laine* est celle qui en absorbe le plus: de là, l'utilité de la *flanelle* portée sur la peau pour absorber la sueur, empêcher son évaporation brusque et éviter les refroidissements qui s'en suivent. Elle doit être changée fréquemment ; car, lorsqu'elle est chargée de sueur et de matières organiques, elle devient irritante pour la peau.

Les vêtements imperméables en *caoutchouc* sont nuisibles à la santé, parce qu'ils n'absorbent pas et ne laissent pas passer le liquide cutané.

La forme des vêtements influe sur la santé : les vêtements amples conviennent en été, et les vêtements étroits en hiver, sans toutefois gêner les mouvements du corps. D'ailleurs, en aucun cas, ils ne doivent exercer une compression trop forte sur le corps : ils pourraient causer des apoplexies, des varices (jarretières), ou nuire à la respiration (corset), etc.

Er. Richa.

MÉDECINE PRATIQUE (suite)

Eczéma. — Maladie de peau éruptive qui est l'indice d'un état général à surveiller. Appeler un médecin. Se méfier des pommades offertes par la publicité.

Embarras gastrique. — Se manifeste par des nausées, vomissements, langue sale recouverte d'un enduit, bouche amère, constipation et parfois une sensation de brûlure au creux de l'estomac. *Traitement* : Repos, diète, boissons acidulées, et un vomitif ou un purgatif selon l'avis du médecin.

Engelures. — *Traitement intérieur* : Huile de foie de morue, sirop iodo-tannique, etc. Pour prévenir les engelures, laver avec de l'eau très chaude, et de l'alun dedans, pour raffermir les tissus. Contre les engelures simples : baume de Fioravanti, teinture de benjoin, liniment oléo-calcaire, jus de citron ; contre les engelures ulcérées : glycérine boriquée, baume du Pérou.

Entorse. — Lésions produites sur les articulations ; douleur vive, impossibilité de mouvoir le membre atteint : gonflement, ecchymose. *Traitement* : autrefois on recommandait l'eau froide en bains, aujourd'hui c'est l'eau très chaude parce qu'elle facilite la circulation du sang. Le massage est excellent. Appeler le médecin.

Eruptions. — Les diverses éruptions cutanées (boutons) sont très variées. Le médecin seul peut en déterminer les *causes*. Le *traitement* consiste en des lavages antiseptiques, onctions le soir avec vaseline salolée.

Les habitations. — N° 8

Le sol des habitations doit être sec et perméable à l'eau, pour qu'elle n'y soit pas retenue et ne produise pas l'humidité dans les appartements.

Lorsqu'on fait construire une maison, il faut chercher, autant que possible, l'exposition au soleil, dont les rayons lumineux, en pénétrant dans l'intérieur, chassent les microbes et les gaz qui vicient l'air.

Pour entretenir l'air dans une enceinte close, il faut établir un bon système de ventilation, afin de prévenir les dangers de l'air confiné.

Le cube d'air respirable pour une personne qui séjourne dans une pièce doit être de 35 à 40 mètres cubes.

Les fenêtres seront aussi hautes que possible. Les *jalousies* doivent être formellement proscrites, parce qu'elles gênent la ventilation et la lumière. Mettre des volets.

Dans les cheminées, les ventouses sont indispensables.

Les moulurations des plafonds sont inutiles. Règle générale : pas de corniche, pas de rosace, pas de suspension, où la poussière et les insectes s'installent facilement.

L'idéale perfection serait que les parquets et les murs pussent être lavés. Il importe donc de ne jamais employer *de tapis fixes* et de ne *point fixer d'étoffe ni même de papier* aux murs. Une décoration à la peinture à l'huile est préférable. L'étoffe, en effet, est un des plus redoutables agents de contamination.

Dans les *chambres à coucher*, il importe de supprimer rigoureusement les tentures aux fenêtres, et principalement au lit.

Le *sommier* doit être entièrement métallique. Les *matelas* doivent être refaits, la laine aérée et battue très fréquemment.

La *table de nuit* sera en métal et les tablettes en marbre, plus facilement lavables. Les six faces intérieures, en marbre ou en zinc.

Ne pas hésiter de remplacer les *fauteuils* et *chaises* rembourrés, vrais nids à poussières et à microbes, par des sièges en bois tourné et canné.

De tous les combustibles le *bois* est le plus sain, de même que la *cheminée* est le système de chauffage le plus hygiénique.

Dans les locaux où l'on séjourne, il faut maintenir de 10 à 22 degrés dans la chambre à coucher, de 16 à 18 chez les malades, comme dans les cabinets de travail ou les salles d'école.

Les *poêles en faïence* ou en terre sont plus sains que les *poêles en métal*. Le système dit *salamandre* offre cependant moins d'inconvénients.

Les *calorifères à air chaud* sont malsains ; on atténue le mauvais effet en les surmontant d'un réservoir à eau.

Le *calorifère à eau chaude* est à recommander, pourvu que l'eau ne soit pas soumise dans les tuyaux à une trop forte pression.

Quant à l'éclairage, la *bougie* et l'*huile* doivent être préférés au *pétrole*, au *gaz* et à l'*électricité*.

Les *fosses d'aisances* doivent être étanches et avoir un *tuyau d'aération* s'élevant jusqu'au toit. La cuvette en *faïence* doit être munie d'une soupape à charnière fermant hermétiquement.

Er. Richa.

MÉDECINE PRATIQUE (*suite*)

Diphtérie. — Maladie infectieuse et contagieuse. La présence du médecin est urgente. Se traite par la sérumthérapie. Le sérum s'obtient à l'Institut Pasteur. On isole le malade et on soutient ses forces à l'aide de lait, bouillon, vin champagne, jus de viande.

Dysenterie. — Irritation du gros intestin qui est ulcéré, amenant des selles glaireuses et sanguinolentes. Le malade meurt d'épuisement. *Traitement :* Boissons chaudes et féculentes, opium à petites doses, lavements antiseptiques, astringents. Alimenter le malade (lait, viande crue, bon vin).

Échauffement. — V. **Constipation**.

La stérilisation. — Nº 7

La stérilisation est l'opération qui consiste à rendre inoffensifs les aliments qui, par suite de l'air ambiant, de la nourriture du bétail pour le lait, et de la contamination des puits et citernes pour l'eau, sont susceptibles de nous communiquer des maladies infectieuses.

On introduit dans des bouteilles à bière, à fermeture hermétique, l'eau ou le lait; puis, on les place dans des chaudières remplies d'eau qu'on fait bouillir pendant 30 ou 40 minutes. Après cela, l'eau ou le lait ont conservé toutes leurs qualités de goût habituel, et sont absolument inoffensifs. Aucun microbe, en effet, ne peut résister à une température élevée.

Les bouteilles, retirées des chaudières, peuvent ainsi être conservées bouchées pendant plusieurs semaines, sans que le liquide ait subi la moindre altération.

En dehors des récipients employés pour l'opération, qui ont des dimensions appropriées, on peut également stériliser, d'après le même principe, la plupart des fruits, légumes d'un usage courant.

C'est ainsi que la bonne ménagère peut s'affranchir des frais que nécessite l'achat des conserves des grandes usines industrielles ; car les ingrédients dont se servent ces établissements sont bien plutôt imaginés pour prolonger la durée de conservation des aliments que pour en assurer l'innocuité.

ER. RICHA.

MÉDECINE PRATIQUE *(suite)*

Corps étrangers. — *Oreille*. Les enfants s'introduisent parfois des perles de verre, des haricots, des pois, etc. Pour les expulser, ne jamais se servir de pinces ni d'épingles à cheveux, mais d'une seringue d'eau tiède de la contenance d'un verre, avoir eu soin, préalablement, d'introduire dans l'oreille de la glycérine. — *Nez*. Pour les mêmes accidents, faire des injections dans les narines. — *Larynx* En attendant le médecin se garder de donner un vomitif. Éviter tout effort et tousser le moins possible. *Yeux*. Enlever le corps étranger avec un petit rouleau de papier buvard aplati et humecté, ou avec une bague ou une alliance. — *Estomac* Se garder de faire prendre un vomitif. Le malade n'absorbera pendant quelques jours que des farineux, principalement des pommes de terre qui, formant pâte, envelopperont le corps étranger pointu, de manière à le faire s'évacuer sans lésions.

Coryza. — Rhume de cerveau, contagieux. *Traitement* : Respirer mélange d'acide phénique et ammoniaque. Aux nouveau-nés, injections d'huile dans le nez, puis de borax en poudre.

Coupures. — V. **Plaies.**

Coup de fouet. — Douleur vive et subite au mollet par suite de la rupture de quelques fibres musculaires. *Traitement* : Repos, friction, massage, compression.

Coup de sang. — V. **Apoplexie.**

Coup de soleil. — *Traitement* : Saupoudrer la partie brûlée avec un peu de fécule de pomme de terre, ou laisser faire le temps avec patience. V. **Insolation.**

Crachements de sang. — S'assurer que le sang ne vient pas de la bouche ou du nez. Ne pas confondre avec le vomissement de sang qui est une maladie de l'estomac. *Traitement* : Repos absolu, silence complet. Malade couché sur le dos, la tête élevée, les reins soutenus. Boissons et lait glacés. Ventouses sèches, sinapismes de Rigollot sur la poitrine.

Crampes. — *Traitement* : Frictions, massage. Quand la douleur est dans le mollet, se mettre debout, jambe étendue, de préférence le pied, sur une surface froide. Pour les crampes d'estomac, consulter le médecin

Croup. — V. **Diphtérie.**

Dents (soins des) — L'entretien des dents avec une minutieuse propreté a une très grande importance pour éviter la carie. Se laver tous les jours le matin en se levant, et après chaque repas.

Diarrhée. — Lorsqu'il s'agit de diarrhée accidentelle, boire le moins possible ; ne pas manger, se tenir au chaud et en repos. *Traitement* : purgatif léger, 15 ou 20 grammes d'huile de ricin. Pour les diarrhées chroniques : régime lacté, viande crue, absorbants (bismuth), astringents (ratanhia. Eau de chaux, opium, élixir parégorique, 15 ou 20 gouttes par jour. La *diarrhée infantile* est due à la malpropreté des ustensiles alimentaires. *Traitement* : Lait stérilisé, coupé de riz; décoction blanche de Sydenham; eau albumineuse (3 blancs d'œufs battus dans un litre d'eau bouillie refroidie). Le médecin est indispensable.

Les boissons hygiéniques. — N° 6

Si je ne craignais de paraître trop exclusif, je dirais que l'on entend par boissons hygiéniques tout ce qui ne touche pas de près ou de loin à l'alcool. L'alcool, en effet, est le poison moderne, qui exerce principalement ses ravages sur notre pays, et il est en train de paralyser les qualités vitales de notre race.

Si les Français veulent échapper à la dégénérescence physique et intellectuelle, ils doivent s'abstenir avec la dernière rigueur de toutes les boissons spiritueuses et alcooliques. C'est ainsi que même le vin doit être absorbé avec réserve, sans que la quantité par individu ne doive jamais dépasser 70 centilitres par jour.

La *bière* est une boisson saine, légèrement stimulante, tonique et nourrissante, ne fatiguant pas l'estomac, mais facilitant l'embonpoint.

Le *cidre* et le *poiré* sont d'une digestion difficile et peu nutritifs.

Le *café* est un breuvage aromatique qui possède une réelle valeur alimentaire, en plus de ses propriétés digestives et stimulantes ; ces dernières font qu'il doit être interdit aux enfants et aux personnes nerveuses.

Le *café* au lait peut faciliter l'anémie chez les personnes qui n'ont pas une alimentation suffisamment tonique.

La *chicorée*, qu'on mélange souvent au café, a une propriété laxative.

Le *thé* est un stimulant et un antidéperditeur comme le café ; il est moins nutritif et plus excitant, principalement le thé noir.

La *limonade* est une boisson acidulée, d'un goût agréable et ne présentant aucun inconvénient quand on la prend modérément et non d'une façon continue.

Er. Richa.

MÉDECINE PRATIQUE *(suite)*

Contagieuses (maladies). — Sont dues à un germe transmissible d'un individu à un autre (excréments, contact, vie en commun) ou par l'eau (fièvre typhoïde, choléra), ou par l'air (tuberculose, grippe). Les mesures préservatives sont : la désinfection des selles, des crachats, des vêtements, des appartements. Boire de l'eau bouillie. Inoculations antirabiques (rage).

Contusion. — Vulgairement appelée « bleu ». N'est autre chose qu'une *ecchymose* provoquée à la suite d'un choc. Le *traitement* consiste dans le repos de la partie contuse; compresses fraîches, aiguisées d'arnica ou d'alcool camphré ; massage superficiel et doux. On empêche quelquefois la bosse de se former, à l'aide d'une pièce de 5 francs appliquée au point contusionné et tenue par un bandage serré. Voir **Plaies**.

Convulsions des enfants. — Causées par la dentition ou la présence de vers intestinaux. Se manifestent par des cris de l'enfant, la raideur des membres, la fixité du regard, grincements de dents. *Traitement* : En attendant le médecin, tenir l'enfant à l'air, donner un lavement, faire respirer un peu d'éther.

Coqueluche. — Maladie contagieuse et épidémique caractérisée par des accès de toux, accompagnée d'une inspiration sifflante. La période d'incubation est d'une semaine. Au début, ce semble être un simple rhume. Bientôt la toux est plus accentuée, surtout la nuit. Puis elle devient convulsive, quinteuse jusqu'à perdre haleine. L'enfant a les traits bouffis et les yeux larmoyants. Peut amener des complications : convulsions, fluxions de poitrine, hernies. *Traitement* : Isoler le malade des autres enfants ; café, air pur, ceinture de flanelle. Changer d'air au bout de 3 semaines ou un mois. Consulter un médecin.

Cors aux pieds. — Le meilleur moyen d'éviter les cors aux pieds est de n'employer que des chaussures larges, de manière à y être à l'aise. Sinon leur présence est très douloureuse. On les combat par un emplâtre de savon noir et d'alcool ; ou bien appliquer durant une semaine 10 gr. de collodion pour 1 gr. d'acide salicylique ; puis ensuite des bains de pieds chauds, prolongés.

C. CHARIER, éditeur, à Saumur.

Les aliments. — N° 5

Les aliments servent à réparer les pertes qui se produisent dans l'organisme.

I. La viande. — Les viandes noires de *bœuf* et de *mouton* sont une nourriture saine. Le *veau*, l'*agneau*, le *chevreau*, la *volaille* (sauf l'oie et le canard, difficiles à digérer), viandes blanches, sont moins nourrissantes, mais plus légères à l'estomac. Le *porc* est quelque peu indigeste. Le *gibier* est plus nutritif que les oiseaux domestiques.

En ce qui concerne les préparations, les *rôtis* et les *grillades* sont les meilleurs. Le *rôti au four* est moins bon. La *viande saignante* propage le ténia. Les *pâtés* et *ragoûts* sont indigestes. Le bœuf *bouilli* est moins nourrissant que *rôti*. Le *bouillon* prépare la digestion, mais sa valeur alimentaire est faible. Le *jus de viande* n'est pas aussi nourrissant que la chair. Les *conserves* de viande ne doivent être employées qu'en cas de nécessité.

II. Les poissons, mollusques, etc. — Les *poissons* d'eau douce ont une chair facile à digérer, à l'état frais. Le poisson salé est indigeste.

Les *grenouilles* sont peu nutritives.

Les *homards*, les *écrevisses* et les *crevettes* ont une chair nourrissante, mais lourde.

Les *escargots*, les *huîtres* et les *moules* sont à craindre par les troubles digestifs qu'ils peuvent parfois occasionner.

III. Les œufs sont nourrissants et faciles à digérer quand ils sont peu cuits et frais.

IV. Le lait (voir article spécial).

V. Beurre et fromages. — Le *beurre* frais est la plus saine des graisses. La *margarine* est malsaine. Les *fromages* sont généralement une excellente nourriture.

VI. Graisses et huiles. — Associées à d'autres aliments et réparties par petites portions dans le courant de la journée, elles sont utiles à ceux qui consomment peu de viande.

VII. Pain et farines. — Le pain de froment est plus facile à digérer 24 heures après la cuisson. La *mie* est moins digestible que la croûte.

Les pâtes alimentaires (semoule, pâtes d'Italie, vermicelle, macaroni) ont un pouvoir nutritif assez prononcé.

VIII. Légumes et fruits. — Les légumes varient le régime, combattent la constipation, et sont utiles à dose modérée, et associés à d'autres aliments.

IX. Condiments. — Le *sucre* pur est un excellent aliment. Le *sel* ajouté aux aliments facilite la digestion. L'abus des *épices* et du vinaigre amène la gastrite.

X Les bonbons et sucreries sont dangereux.

D'une façon générale, l'alimentation doit être mixte et comprendre les substances animales et végétales, les matières azotées, grasses, sucrées et minérales.

Un bon conseil : Quand on a des doutes sur l'innocuité d'un aliment, le faire analyser par un chimiste dans un établissement spécial, tel que le laboratoire municipal de la ville de Paris.

Er. Richa.

MÉDECINE PRATIQUE (suite)

Congestion cérébrale. — Voir **Apoplexie.**

Congestion pulmonaire. — Voir **Phtisie.**

Conjonctivite — L'inflammation de la membrane conjonctive du « blanc » qui entoure l'œil est un danger pour la vue. Elle se manifeste par des picotements, comme s'il y avait du sable dans l'œil. Le matin les yeux sont fermés par des croûtes. La conjonctivite peut venir du froid, d'une lumière trop vive ou de poussière. *Traitement* : Compresses d'eau boriquée chaude, lavages matin et soir à l'eau boriquée.

Constipation. — Incommodité qui offre de graves dangers : ballonnement du ventre, étourdissements, maux de tête, perte d'appétit, coliques, vomissements. *Traitement :* Régime laxatif végétal. Eau froide à jeun le matin ou le soir. Miel, pruneaux, peu de viande. Lavements, suppositoires à la glycérine. Prendre de l'exercice.

C. CHARIER, éditeur à Saumur.

Le lait. — N° 4

L'alimentation hygiénique tire un très grand parti du lait en nature. L'usage du lait de vache est très répandu, grâce à la facilité qu'on a de se le procurer.

Le lait de chèvre et le lait d'ânesse, plus rares, sont recommandés aux poitrines délicates.

Les causes qui font varier la qualité du lait sont très nombreuses. Mais, de tous les agents hygiéniques, c'est la nourriture qu'on donne aux animaux qui influe le plus à cet égard.

Le lait est un aliment spécial, essentiellement destiné par sa nature à être consommé sur place, à mesure de sa production. Pour l'appliquer aux usages qu'il lui a donnés, l'homme a souvent besoin d'assurer sa conservation contre les agents multiples qui tendent à l'altérer. On y arrive en le chauffant tous les jours jusqu'à 100 degrés et en le privant d'air. Il est bon de le sucrer.

Le lait contenant des substances azotées sucrées, grasses et minérales, est un aliment complet, suffisant pour le jeune enfant dont il doit être la seule nourriture. Il peut entrer dans l'alimentation de l'adulte en bonne santé, comme tout aliment sain et facile à digérer, mais sans y tenir une place exclusive.

Le lait concentré est moins sain que le lait frais, mais vaut mieux que les laits artificiels ou farines lactées, mélanges de lait et de farine de froment ou de poudre de pain grillé, qui n'ont rien de commun avec le lait naturel.

Le lait, avant d'arriver au consommateur, est l'objet d'altérations dont la plus fréquente consiste à enlever la crème et à ajouter de l'eau au lait. L'analyse permet de découvrir la fraude.

Le lait altéré provoque chez les enfants la diarrhée infantile et l'athrepsie. (Voir au n° 13 l'hygiène de l'enfant.)

Lorsque les vaches sont atteintes de la maladie aphteuse, appelée vulgairement cocotte, le lait peut produire de graves dérangements intestinaux ; aussi est-il plus prudent de le faire bouillir et d'exiger des fournisseurs que les vaches qui le produisent soient immunisées contre la tuberculose.

Er. Richa.

MÉDECINE PRATIQUE (suite)

Cataplasmes. — Topiques mous appliqués sur la peau. Le cataplasme de farine de graine de lin se prépare avec 2 parties de farine et 3 d'eau boriquée. Délayer à froid et faire cuire, ou bien ajouter la farine à l'eau bouillante en tournant. Puis étaler le tout dans de la tarlatane préalablement passée à l'eau chaude. Il faut changer un cataplasme toutes les 2 ou 3 heures. On peut mélanger au cataplasme diverses substances calmantes ou irritantes. Le laudanum est souvent employé : on en frictionne la peau avec quelques gouttes, puis on applique le cataplasme.

Cheveux (Chute des). — Chute générale ou partielle des cheveux. Cet état est dû souvent à l'arthritisme, si répandu, et à l'excès de fatigue. *Traitement* : Soigner l'état général, combattre les causes, tonifier le malade. Se méfier des produits offerts par une réclame habile, et qui presque toujours, en dépit des nombreuses attestations présentées aux naïfs, font plus de mal que de bien. Le mieux, semble-t-il, pour atténuer l'effet désastreux des pellicules, est la propreté du cuir chevelu, obtenue à l'aide d'un lavage au savon de goudron (1 ou 2 fois par semaine); puis, lorsque les cheveux sont secs, étendre légèrement sur la peau un peu de vaseline boriquée.

Chorée (Danse de Saint Guy). — Se traite par les calmants : douches, gymnastique, bromure de potassium, chloral, antipyrine.

Coliques. — Douleurs dans l'abdomen qui se traitent généralement par les tisanes d'anis, thé chaud, élixir parégorique (20 gouttes toutes les heures), laudanum (6 à 30 gouttes), lavements d'orge, de camomille, cataplasmes. — *Coliques des nouveau-nés.* Veiller à l'alimentation qui est défectueuse ou trop abondante. Nettoyer avec de l'eau bouillie le biberon qui est souvent la cause des douleurs que ressent l'enfant. — *Coliques des peintres* (coliques de plomb). Causées par l'intoxication saturnine. Elles donnent la constipation que l'on combat à l'aide d'évacuants et de boissons sudorifiques à haute dose. — *Coliques hépatiques.* Produisent des douleurs violentes au côté droit au niveau du foie. Elles sont dues au passage d'un calcul biliaire de la vésicule à l'intestin. *Traitement* : Injections de morphine, bains chauds ; peu de viande ; végétaux nombreux (sauf oseille, tomate, haricots verts); pas d'alcool ; exercices fréquents ; bains, douches, massage, frictions. — *Coliques néphrétiques.* Dues à la présence de calculs qui passent du rein dans des conduits membraneux trop petits, d'où contusions et déchirures qui causent des douleurs très vives, symptômes de la gravelle. *Traitement* : Bains chauds et calmants, opium, morphine, antipyrine.

Compère loriot. — Voir **Orgelet**.

L'eau potable. — N° 3

L'eau est formée par la combinaison d'environ 11 parties d'hydrogène et 89 d'oxygène.

Sa composition peut être altérée par les gaz, les matières minérales et les matières organiques.

L'eau devient dangereuse quand elle contient de l'acide carbonique dans la proportion de 100 centimètres cubes par litre ou 50 centigrammes de matières minérales. Il faut également se défier des eaux riches en matières organiques, qui peuvent provoquer des maladies infectieuses. Enfin, les microbes sont à redouter. Ils lui viennent de l'air et du sol, par des circonstances fortuites et accidentelles. Leur nombre varie à l'infini. Une eau qui n'en contient pas plus de 100 par centimètre cube est considérée comme inoffensive, à moins qu'on ne constate la présence de microbes *pathogènes* qui déterminent des maladies très redoutables.

La prudence la plus élémentaire commande l'usage des *filtres*, destinés à débarrasser l'eau de ses éléments nuisibles. Leur emploi est excellent, mais souvent dangereux, s'ils ne sont pas soumis à une propreté méticuleuse. En temps d'épidémie, rien ne vaut l'usage de l'eau bouillie qui, si elle est lourde et sans saveur, est absolument sûre. Quant aux systèmes expérimentés par les municipalités, il ne semble pas qu'il y ait d'autre moyen efficace de filtrer des masses d'eau considérables que par l'ozone.

Voici maintenant quelques considérations sur les qualités ou les défauts de l'eau, selon sa provenance :

Eau de rivière. — Cette eau est généralement bonne et meilleure que l'eau de source, comme étant plus aérée. Souvent elle est troublée par des éléments solides. En aval des villes, elle est toujours contaminée par les matières organiques sortant des égouts ou des ruisseaux alimentés par les industries diverses. Le danger est moindre quand l'eau est puisée en amont de la ville, ou quand le cours d'eau est abondant et rapide.

Eau de pluie. — Elle serait très pure si elle n'empruntait à l'air qu'elle traverse des éléments nuisibles. Celle provenant des gouttières offre encore moins de sécurité, à cause des matières organiques dont elle se charge.

Eau de puits et eau de source. — Cette eau est la moins salubre. Des matières fécales, peuvent la souiller par infiltration, lorsqu'elle séjourne à proximité d'une écurie, d'une étable, d'une usine, d'une fosse d'aisances, etc. Il est indispensable de cimenter les parois intérieures de l'orifice, hermétiquement fermé dans sa partie supérieure.

D'une façon générale, l'eau ne doit jamais être absorbée sans filtrage. En temps d'épidémie, il est indispensable de la faire préalablement bouillir.

Er. Richa.

MÉDECINE PRATIQUE (*suite*)

Battements de cœur. — Domaine exclusif du médecin qui, seul, peut combattre la cause.

Bouche (Mauvaise haleine de la) causée par le mauvais entretien des dents ou leur carie. On l'évite par la propreté et la sobriété. Quand la cause est attribuable à l'estomac, à une maladie buccale ou nasale, les purgatifs, les eaux minérales, les poudres de craie, de magnésie, de bicarbonate de soude sont tout indiqués.

L'entretien des dents est le plus sûr moyen de combattre les causes qui les ruinent. Les brosser matin et soir minutieusement. Se rincer la bouche après chaque repas est une précaution très utile. Se méfier des dentifrices et poudres tant vantés par la réclame. Le meilleur et le plus simple est de se savonner les dents avec du savon bien blanc, bien pur. S'abstenir de bonbons et de confiserie.

Bronchite. — Inflammation des bronches qui sécrètent une abondance de mucus. Elle est caractérisée par une toux sèche au début, puis par l'expulsion de crachats grisâtres. La bronchite aiguë relève du médecin. Le *traitement* pour la bronchite légère exige le repos, des tisanes chaudes, du lait avec cognac, des badigeonnages à la teinture d'iode sur la poitrine et des potions calmantes.

Brûlures. — On se contente, pour une simple rougeur de la peau, de compresses d'eau fraîche filtrée, ou de cataplasmes de pommes de terre ou d'huile. S'il y a des ampoules, laver avec soin la partie brûlée avec de l'eau boriquée, ou mieux avec une solution de sublimé (1 gram. pour 1000 d'eau). Percer les cloques avec une aiguille flambée. Ne jamais enlever la peau des ampoules ; recouvrir la brûlure d'une pommade antiseptique ; appliquer par-dessus du coton hydrophile imbibé de sublimé à 0,50 pour 1000 ; puis envelopper le tout de gutta-percha laminé.

C. CHARIER, éditeur, à Saumur.

L'air atmosphérique est un fluide élastique et invisible, sorte de masse gazeuse qui entoure le globe sur une épaisseur de plus de 70 kilomètres. Il constitue un mélange de 21 parties d'oxygène et de 79 d'azote. Il joue un rôle très important dans l'hygiène : il entretient notre respiration. Lorsque les éléments étrangers à sa composition viennent l'altérer, il peut devenir nuisible. Le danger apparaît sous trois formes diverses : les *poussières*, les *microbes* et les *substances gazeuses*.

1º Les poussières minérales, végétales et animales influent d'une façon désastreuse sur la santé publique. L'impureté de l'air diminue la vitalité de ceux qui le respirent et leur résistance aux maladies. Les épidémies n'ont souvent pas d'autre origine que la circulation, dans l'air libre, de ces poussières, déchets ou débris des corps.

2º Les microbes sont d'autant plus dangereux qu'ils échappent plus facilement, par leur petitesse infinitésimale, à la perception de la vue. Les plus dangereux sont les bacilles et les bactéries. Propagés par l'air, ils communiquent certaines maladies infectieuses : choléra, fièvre typhoïde, variole, etc.

3º L'air est vicié encore par la présence de gaz provenant de la proximité de foyers de décomposition organique, de marais insalubres, d'usines, de fosses d'aisances, d'égouts, de cimetières, etc. La proportion minime de ces gaz dans l'air libre fait qu'ils sont le plus souvent irritants pour les voies respiratoires ; mais dans les ateliers et dans l'intérieur des villes, où ils sont plus abondants, ils peuvent causer des accidents graves.

En dehors de ces causes accidentelles, il faut ajouter que dans un appartement il y a lieu de craindre le séjour prolongé des êtres vivants, si l'air n'est pas suffisamment renouvelé. La respiration et la transpiration des habitants; les gaz qui s'échappent du tube digestif; les exhalaisons pulmonaires, nasales, buccales ; les foyers d'éclairage et de chauffage, etc., sont autant de causes qui vicient l'air et donnent à ceux qui les subissent des malaises, maux de tête et vertiges. Elles peuvent donner l'anémie, la pâleur et quelquefois la mort.

Notre santé réclame un air tempéré, qui ne soit ni trop sec pour n'être pas insalubre, ni trop humide pour n'être pas malsain.
Er. Richa.

MÉDECINE PRATIQUE (*suite*)

Asphyxie. — État de mort apparente ou réelle dû à l'arrêt de la respiration. *Traitement* : rétablir la respiration, déshabiller le malade. maintenir écartées les mâchoires. Aérer l'appartement, frictionner le corps et le flageller. Faire respirer prudemment de l'ammoniaque, de l'acide acétique ou encore l'acide sulfureux d'une allumette.

Asthme. — L'asthme vrai est caractérisé par des crises d'oppression.. Ne pas croire que sont asmathiques ceux qui toussent, crachent par suite de bronchite ou de maladie de cœur. L'asthme consiste en accès d'étouffement qui se présentent souvent la nuit ou encore à la suite de contrariétés, d'une émotion ou d'une fatigue. Les particularités de la maladie varient selon chaque individu. *Traitement* très variable. Les calmants cependant sont indiqués : iodure et bromure de potassium.

Attaque de nerfs. — L'attaque de nerfs n'est pas une maladie et n'offre que rarement du danger. Elle se manifeste soit par des fourmillements et palpitations, soit par une agitation, des spasmes, des rires et des hoquets, soit enfin par des cris, sanglots et mouvements désordonnés, accompagnés de suffocations. La fin de l'attaque est généralement marquée par des larmes abondantes. Ne pas confondre avec la syncope ou évanouissement. *Traitement* : Aspersions froides. Inhalations d'éther ou de chloroforme. Desserrer les vêtements. Appliquer quelques tapes sur le visage avec une serviette mouillée.

Bains . — Baigner les enfants, 2 ou 3 fois par semaine pendant 3 minutes, à une température de 25 à 30 degrés.

En dehors des bains de propreté. les bains de pieds servent à attirer le sang aux extrémités et à dégager le cerveau. L'eau ne doit pas dépasser la cheville. Les bains de siège se prennent en s'asseyant dans un seau en zinc de forme conique, à dossier, froids ou chauds, émollients (guimauve. graine de lin) ou excitants (sel, savon. sauge, romarin).

Ballonnemnt. — Gonflement de l'estomac et du ventre par accumulation de gaz. En attendant le médecin, indispensable en pareil cas, on peut frictionner l'abdomen et y appliquer des serviettes chaudes. Des lavements huileux ou de camomille ne peuvent nuire.

Bandages. — Le choix d'une bande a une grande importance ; car il en est qui glissent sur les parties du corps animées de mouvements. La bande de flanelle neuve est excellente, élastique convient surtout pour les bandages compressifs. Les bandes de crêpe et de tarlatane sont également recommandables.

Objet de l'hygiène. — N° 1.

L'hygiène a pour objet de rechercher les moyens propres de prévenir les maladies en assurant le bon fonctionnement de nos organes, et en étudiant les causes extérieures, telles que l'atmosphère, la chaleur, la lumière, l'électricité, les boissons, les aliments, les exercices, les vêtements, etc., susceptibles de fortifier l'organisme et d'améliorer la santé.

L'utilité de l'hygiène n'a pas besoin d'être démontrée ; elle a été comprise de tout temps. On voit les plus anciens législateurs connus se préoccuper du soin de protéger la santé publique. Cependant, à aucune époque l'humanité n'a eu à se louer davantage des progrès de la science, grâce aux travaux merveilleux de Pasteur et de ses disciples sur la bactériologie.

La statistique offre à l'humanité un champ d'observation très étendu. Elle s'applique à déterminer le nombre et la densité de la population, son développement progressif, le rapport entre les diverses contrées de la France et des nations ; la fréquence relative des mariages ; la mortalité et les naissances des deux sexes.

Il arrive que le résultat des recherches de cette nature amène le législateur à reconnaître les bienfaits ou les dangers que nous offre l'état des choses existantes, et, conséquemment, à encourager ou à combattre les faits et les causes qui ont attiré son attention.

C'est ainsi que les tableaux de la criminalité ont répandu une légitime émotion chez toutes les nations civilisées. Afin d'atténuer les conséquences funestes du mal, on a fait appel aux spécialistes, pour nous instruire des moyens à employer en vue d'une application pratique et efficace des remèdes.

C'est donc sous l'influence de ces préceptes utiles que nous allons esquisser les précautions les plus indispensables que chacun de nous doit prendre pour sauvegarder la santé publique et la sienne propre.

En. RICHA.

MÉDECINE PRATIQUE

Abcès. — Collection de pus qui se forme dans les organes. *Traitement :* Ouverture par incision ou ponction. *Pansements* antiseptiques avec des compresses d'alcool camphré (50 gr. alcool, 100 gr. eau ou dans de l'eau phéniquée, eau 100, alcool 15, acide phénique 2). Ne jamais employer de cataplasmes.

Les abcès froids chroniques ne seront traités que par le médecin.

Aigreurs d'estomac. — Troubles de la digestion avec production de gaz dans l'estomac et renvois. *Traitement :* User d'eaux alcalines, combattre la constipation, éviter l'excès de féculents. Régime : des œufs, lait, légumes, fruits cuits. Pas d'alcool.

Ampoules. — Petites bosselures de la peau qui font que l'épiderme se détache du derme sous-jacent pour former une cavité remplie d'un liquide séreux. Cet épanchement vient par suite de frottement *Traitement :* Ne pas enlever la peau morte, mais la percer avec une aiguille et un fil de soie bouillis.

Anémie. — Cette maladie qu'on appelle « chlorose » se reconnaît au teint jaunâtre, pâle et morne des personnes qui en sont affligées. Elle demande à être traitée par un médecin expert. Le traitement est long et difficile. Tout ce que nous pouvons en dire, c'est que le fer est le médicament par excellence, mais un fer soluble, assimilable. Ajoutez à cela l'hygiène, le grand air, l'exercice, la bonne nourriture, les inhalations d'oxygène ou d'ozone et les frictions sèches ou alcooliques sur la peau.

Angine. — Inflammation de l'arrière-bouche et du pharynx ; chronique ou aiguë, avec ou sans fausses membranes. Toutes les angines aiguës sont infectieuses D'où l'obligation d'isoler le malade.

L'angine aiguë simple (sans fausses membranes) a pour symptômes : sécheresse ou cuisson locale, au fond de la gorge ; gêne ou douleur en avalant. La gorge est rouge, gonflée avec quelques mucosités et des points jaunâtres sur les amygdales se détachant facilement *Traitement :* Isolement, lavages du fond de la gorge avec de l'eau boriquée saturée. Toucher le fond de la gorge avec du coton hydrophile imbibé de jus de citron.

Dans l'angine aiguë avec fausses membranes\, la membrane est d'un blanc grisâtre. Elle est adhérente et saigne quand on l'enlève. La diphtérie est à craindre : l'intervention du médecin est urgente.

Apoplexie. — Due à différentes causes, selon les individus. Il appartient au médecin, seul, de les déterminer. Le malade tombe et perd connaissance. La congestion du cerveau est suivie souvent de paralysie d'un des côtés du corps. Parfois, la mort est foudroyante. Dans le cas contraire, le *traitement* consiste d'abord à s'assurer que le malade n'est pas simplement tombé en syncope. En pareil cas, le visage est pâle, blanc et décoloré, tandis que l'apoplectique a la face congestionnée. Les lèvres et la joue paralysée sont flasques. Déshabiller le malade, le mettre au lit, lui appliquer des compresses fraiches et vinaigrées sur le front, des sinapismes aux cuisses et aux mollets ; lui donner un lavement purgatif. Placer des sangsues derrière les oreilles. Appeler le médecin au plus vite.

C. CHARIER, éditeur, à Saumur.